FACULTÉ DE DROIT DE PARIS.

THÈSE

POUR

LA LICENCE.

L'ACTE PUBLIC SUR LES MATIÈRES CI-APRÈS

Sera soutenu, le Samedi 13 Août 1836, à huit heures du matin,

PAR

CHARLES - P. **GASLONDE,**

Né à Avranches (Manche).

PRÉSIDENT M. PELLAT, PROFESSEUR.

SUFFRAGANS.
{ MM. DEMANTE,
DUCAURROY,
ROYER-COLLARD,
VALETTE, SUPPLÉANT. } PROFESSEURS.

Le Candidat répondra en outre à toutes les questions qui lui seront faites sur les autres matières de l'Enseignement.

PARIS

IMPRIMERIE DE HENRI DUPUY,

RUE DE LA MONNAIE, 11.

1836

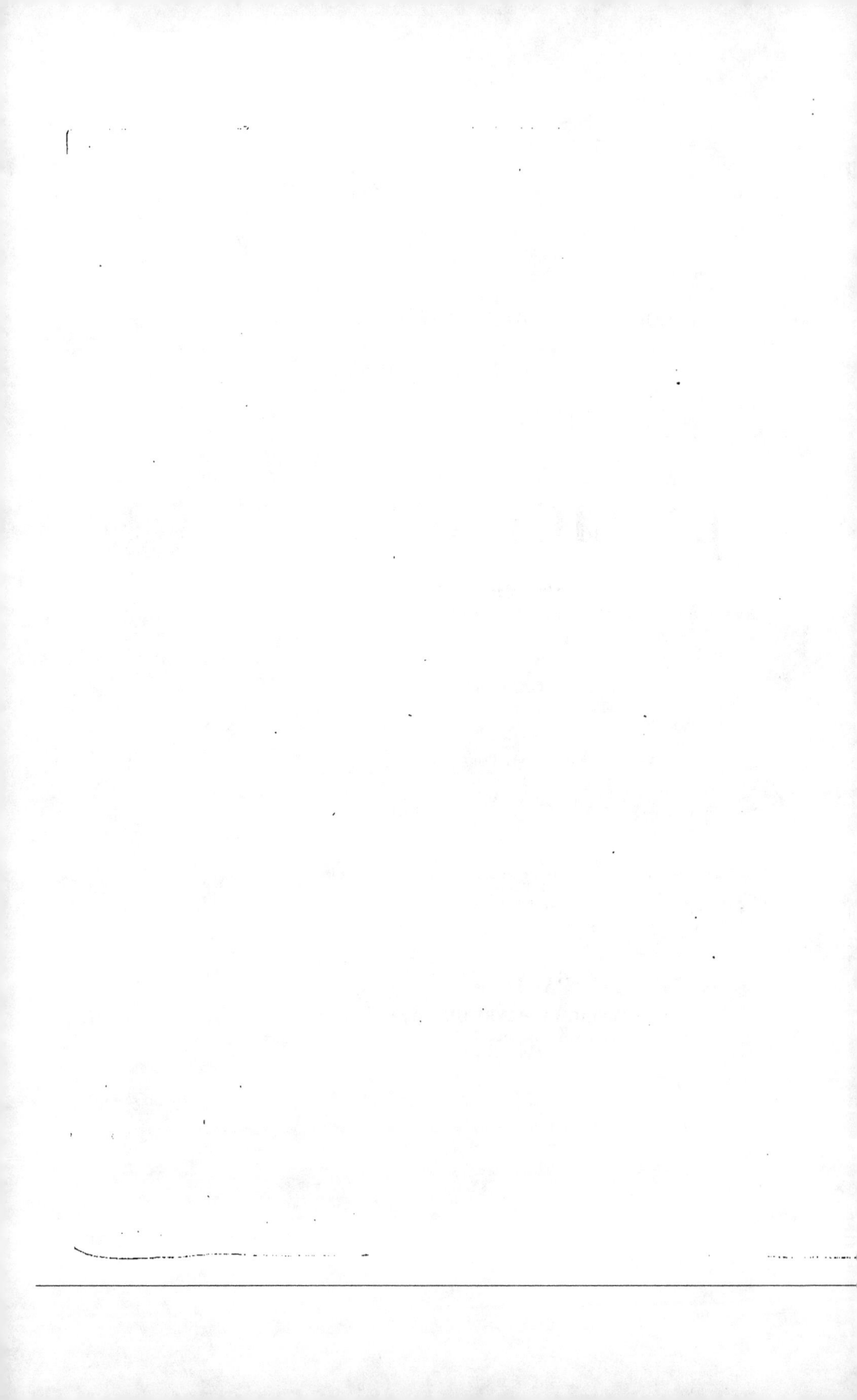

A la mémoire de mon Père.

—

A MA MÈRE.

—

A MA SŒUR.

JUS ROMANUM.

Ad duplicem edicti prætoris partem pertinet hoc argumentum. Ad primam quidem in quâ de actionibus juris civilis agebatur, referenda est actio tum negatoria tum confessoria. Interdictum vero prohibitorium *de itinere actuque privato* in alia edicti parte proponebatur, ubi diversa pro diversis servitutibus utilia interdicta accomodabantur. Patet ex ordine Ulpiani et Pauli commentariorum ad edictum prætoris. Dicendum igitur separatim 1º de vindicatione juris; 2º de quasi possessoriis interdictis et specialiter de eo quod datur ad tuendas rusticas servitutes.

De Vindicatione juris.

In duplici titulo digestorum tota res continetur, quorum rubrica probabilius constat ex ipsismet verbis quæ initio duplicis capitis edicti legere erat. Nihil autem in eis tam obscurum tamque arduum inveneris quam quod spectat ad actionem ipsam confessoriam et imprimis negatoriam. Sit ergo de actione negatoriâ prævia dissertatio in quâ etiam de confessoriâ dicendum erit.

§. 1. De negatoriá actione.

Satis ardua est hæc materia, circa quam duplex adest difficultas: 1º cur hujus actionis negativa sit intentio? 2º Cur hæc actio etiam possessori detur? Notandum est posteriorem hanc quæstionem in confessoriâ quoque actione occurrere, contra Heinnecium et quosdam. Vide si us. fruct. pet. L. 5. § 7. ff. ex quâ patet fructuario dari actionem etsi rem teneat ejusque fructus percipiat.

Ceterùm hæ duæ quæstiones sedulo sunt distinguendæ nec habent inter se quidquam affine. Prior pertinet ad ipsam formulæ conceptionem. Posterior spectat ad illam juris regulam quam tradit Ulpianus L. 1. uti poss. § 6. ff. *nunquam ultro actionem possessori dari.*

I. De ips us formulæ conceptione. Cur sit negativa? — Probabile est talem fuisse hujus actionis conceptionem : *Semproni judex esto. Si paret invito Aulo Agerio jus non esse Numerio Negidio utendi fruendi fundo Corneliano, neque Numerius Negidius arbitrio tuo satisfaciat....* et cætera. In cujus actionis intentione singulare est reum simul et actorem nominari.

Soli domino fundi competit et ob id negativa est ejus intentio. (Si us. fr. pet. L. 5. in. pr.) Non enim potest defendi confessoriâ actione qui jus utendi fruendi separatum non habet. Nec magis poterat intendere se esse *pleno jure dominum*, cum apud Romanos talis conceptio recepta non esset atque unâ et eâdem intentione ageretur tum ad dominium, tum ad proprietatem vindicandam, nempe *si paret fundum esse......* Undè jus alienum magis negare videtur proprietarius quam suum affirmare. Sed reverâ de proprio jure contendit. Quapropter in hâc actione onus probandi ipsi primum incumbit. Nec obstat quod factum negantis nulla sit probatio. Actor quidem talem intentionem per se et directò probare nequit, sed rem aliò potest derivare probando scilicet se esse dominum fundi, secùs vincet fructuarius jure quo possessores sunt potiores etsi nullum jus habeant. Certè si semel constiterit actorem esse dominum, pro eo pugnabit presumptio libertatis fundi vinceturque fructuarius nisi fortè reponat jus utendi fruendi sibi esse ab agente constitutum. In confessoria vero actione plus erit fructuario probandum nempe se jus habere utendi fruendi a vero domino. Quod nisi probaverit, vincetur. Sane tuebitur eum exceptio, si jus ipsum teneat ab adversario qui forte justus non erat dominus.

II. Cur actio tum negatoria tum confessoria possessori detur? — Hoc in rebus incorporalibus singulare est possessori dari actionem. Videtur quoque celeberrimum istud *sane uno casu.....* de sola negatoria actione dictum. Consentit Theophilus cujus me maxime movet auctoritas. Non enim de veteris juris originibus aut subtili quadam interpretatione quæstio est, sed quid intenderint institutionum scriptores cum ad latiora digestorum volumina remittimur. Quemque autem de proprio facto libenter testem accipio. Putant quidam eo loco alludere imperatorem exceptioni *justi dominii.* Quod certe acutum est, sed videtur mente collectorum prorsus alienum. Quid enim modo mirabantur? Non quidem eumdem esse possessorem juris et probatorem, at

petitorem juris possessoremque. Cur vero ita sit in rebus incorporalibus? Tacet Cujacius nec idonea ratio datur ab auctoribus. Non igitur
aliquid novum tentare absurdum erit. Prius autem res nobis sunt altius
repetendæ.

Latam ante legem Æbutiam, cum adhuc vigerent legis actiones, in-
venta esse a prætore interdicta possessoria suspicari licet, nec est
improbabile primum proposita fuisse ad protegendos agri publici possessores. Soli enim domino ex jure Quiritum succurrebatur lege XII ta-
bularum. Nihil de mera possessione cautum erat. Si quis vi inquietaretur, ipsi pro remedio erat aut vim vi repellere aut ex lege agere.
Prætor autem vindicias dabat secundum alterum litigatorum. Quod
vitiosum esse intellexerunt ipsi veteres correxeruntque in agendi forma
ex interdictis quæ est media inter antiquas legis actiones et recentiores
formulas. Porro inter legem Æbutiam qua nonullis capitibus XII tabu-
larum fuit derogatum duasque Julias judiciarias quibus demum sub-
latæ fuerunt legis actiones, quo scilicet tempore constituebatur ordo
formularum, non absurde conjici potest prævaluisse ut qui ante litem
possidebat idem et durante lite possessor remaneret. Unde fuit alia
causa proponendorum interdictorum retinendæ possessionis gratia, quoties non conveniebat inter litigatores uter petitor, uter possessor foret
(uti poss. L. 1, § 3, ff.). Idem ergo sonare cœperunt hæ voces *possessor*
et *reus.* Vi enim inquietato commodius erat petere interdictum quam
fungi onere petitoris et ipse prætor actionem in rem possessori dene-
gabat. Sola ratio est ex Ulpiano quia eum satis tuetur interdictum *uti
possidetis* (*ibid.* § 6). Habemus unde solvatur nostra quæstio. Dum
erant legis actiones, possessori actio necessaria erat etiam in rebus corporalibus. Quando ordinatæ sunt formulæ, in rebus corporalibus in
quibus locum habebant interdicta supervacua fuit actio in rem ei qui
possidet. Facile autem intelligitur cur etiam post abolitas legis actiones
confessoria actio data fuerit fructuario rem tenenti et fructus ejus per-
cipienti. Quippe si vi inquietaretur hoc solum ei erat remedium. Non
enim possidet sed rem tenet et ita accipiendum est quod passim legitur
fructuarium naturaliter possidere. Directa igitur ei non competebant
interdicta nec adhuc *utilia* in usu erant (1).

---

(1) Suspicari licet non nisi circa ætatem Hadriani plane recepta esse utilia interdicta :
nec puto Ciceronis Augustive temporibus ea jam in usu fuisse. Non obstat locus ille Tullii
pro *Cæcinâ :* « *Cæsenniam possedisse, propter usumfructum non negas.* » Qui de quasi

Sed objicies directum interdictum competere domino fundi adversus fructuarium. Possidet enim et causa interdicti generalis est, ne quis uti sua possessione prohibeatur. Respondeo multum interesse utrum ad rem animo domini possidendam, an ad eam jure fructuarii tenendam vim faciat adversarius (L. 4, § 27, de usurpat. ff.). Posteriori casu inutile esse interdictum ex ipsius verbis colligere est. Ait prætor : uti possidetis, quominus possideatis.... quid judex quærat, vides. Porro confessus est in jure adversarius se neque possidere neque possessioni invidere. Quoties ergo non de possessione coram prætore controversia est sed de jure, dominus fundi ad actionem negatoriam remittitur. Secùs, semper superior fuisset interdicto proprietarius, licet non ipse sed fructuarius tempore interdicti fructus percepisset.

Argumento est quod ait Cassius de servitute urbana quæ dicitur projiciendi, directum interdictum non prodesse quoad hanc servitutem sive domino ædium sive domino partis soli quæ tegitur. Hìc quidem Cujacius proponit legendum *utile* pro *inutile*. Sed qualis est textus videtur intelligendus (L. 3, § 5 et 6, uti poss. ff.). Ambo quidem possident : sed alter solum quod projecto tegitur : alter ædes unde projectus est. Itaque Cassio placet : 1° non domino soli prodesse interdictum directum, cum possessionis et ususfructus sive servitutis causam permisceri non opporteat (L. 52, ff. de adq. poss.); 2° non utiliùs dominum ædium directo interdicere posse, cum aliud sit possidere ædes suas, aliud projectum qui vicini solo immineat (1). Labeo vero, cum Cassio quidem consentit quoad dominum soli; sed quoad dominum ædium, innuere videtur, *quo faciliùs* retineat projectionis possessionem, ipsum posse interdicere directo de possessione ædium, quasi iste projectus pars ædium habeatur.

Cum autem interdicta utilia introduci cæperunt ex quibus non quis

---

possessione, ut placet D. de Savigny, non videtur intelligendus. Si enim post vocem *possedisse* virgula ponatur, hæc sequitur interpretatio : Cæsenniam verè possedisse jam negare Æbutium non posse, quasi nomine ususfructus ipsa in possessione tantum fuerit. Quod satis orationis ordini convenit. Probavit quippe Tullius eam non fructuariam fuisse sed dominam. Neque enim adeò in jure civili rudis erat ut unquam dixerit legari posse usumfructum ab ipsomet fructuario. — Vide quoque L. 20°de Servit. ff. que est Javoleni Hadriano coætanei ex quâ conjicendum est tempore Labeonis non reperta esse interdicta veluti possessoria.

(1) Nec nos fallat vox *superficies* ab Ulpiano usurpata. Nec enim dicit jus superficiei possideri, sed projectum ædium super *faciem* ut ita dicam vicini soli impendentium.

tempore interdicti possederit, sed quis ususfruitus fuerit quærendum erat judici (fragm. vat. § 90), actio negatoria possessori facta est inutilis. Tamen quia olim dabatur, prætor eam quoque possessori una cum interdictis *quasi* possessoriis in edicto suo proponebat, ex quo apud Gaium et ex Gaio apud Justinianum migravit.

§ 2. *Quá ex causá jus vindicetur. Quid sit officium judicis.*

Imperante quidem Justiniano, jus vindicatur ususfructûs sive per *do lego* legatum aut per damnationem, sive in agris provincialibus aut in solo Italico sit constitutum, sive etiam causa emptionis venditionis aut donationis aut ex alia justa causa sit traditum. Olim autem patientia servientis inducebat officium prætoris qui utilitatis causa interdicta primum etiamque postea actionem accomodabat. In his quidem actionibus utpote *arbitrariis* judex restitui jubet usumfructum cum sua causa, etiam servitutes et adminicula sine quibus uti frui non licet. Reus vero absolvetur qui huic arbitrio satisfecerit aut qui sine dolo desierit possidere, non qui sciens se non possidere liti se obtulerit. Quo casu si, alio possidente, ususfructus tempore sit amissus, debet renovari et amplius de evictione cavendum est. De præteritis fructibus, licet extincto usufructu, datur quoque utilis actio cujus conceptio convenienter ad hoc componebatur. Si possessor sit is qui agit, cavendum erit ab adversario ne proprietarius inquietetur aut fructuarius uti frui prohibeatur.

Idem ferme et in servitutibus dicendum. Apertum est per sententiam judicis non constitui servitutem, sed quæ erat declarari : competit actio domino ædium et adversus dominum : et in ea veniunt fructus idest si quid actoris interesset servitute non prohiberi, aut adversarium non uti. Victori autem officio judicis aut res præstatur aut cautio. Res ipsa hæc est, ut jubeat adversarium judex emendare vitium parietis et idoneum præstare. Cautio hæc est, ut eum jubeat de reficiendo pariete cavere; neque se, neque successores suos prohibituros altius tollere sublatumque habere. Et si cavisset absolvebatur. Si vero neque rem præstaret neque cautionem, tanti condemnabatur quanti judex æstimasset aut quanti actor jurasset in litem cum taxatione sæpius sed et quando sine taxatione : hoc autem, si modo dolus esset aut culpa lata quæ dolo æquiparatur. Quod occurrit et in usufructu.

SECTIO II.

De quasi possessione juris.

Possideri posse usumfructum vel servitutes, veteres J. C. non admiserunt ipsa rerum appellatione ut ita dicam decepti. Utilitate tamen suadente introductum est moxque prævaluit esse et quasi possessionem juris quam tuitus est prætor interdictis non quidem directis sed utilibus. Enim vero eadem ratio erat servandæ domesticæ pacis cur vis prohiberetur sive fieret rem possidendi causa, sive eam tenendi pro jure fructuarii, aut in ea eundi agendi pro jure scilicet servitutis. Itaque interdictum veluti *uti possidetis* competebat 1º inter fructuarios, 2º inter fructuarium et dominum fundi, id est si alter usumfructum alter possessionem sibi defendat. (Leg. ult. uti poss. ff.) Permiscebantur enim in hac interdicti conceptione causa possessionis et ususfructus (v. fragm. vat. § 89 et 90) *uti possidens uteris frueris*..... Necessarium quoque erat utile interdictum *unde vi* cum quis mero jure proprie detrudi nequeat (ibidem). Interdictum tamen *de precario* directo pro usufructu competit sicut et pro servitutibus.

Fusius autem dicendum erit : 1º de servitutibus urbanis quæ in eo consistunt ut quid fiat ex meis ædibus in tuum fundum aut tuas ædes; quæ et positivæ dicuntur; 2º de ceteris servitutibus urbanis, sive jus habeam in meo faciendi quod tuo noceat aut jus meum imminuerim ad tuum augendum; 3º de servitutibus rusticorum prædiorum. Quarum videamus quo pacto protegatur quasi possessio. Ac primum occurrit quæstio in servitutibus urbanis et quidem positivis, an locum habeat interdictum *uti possidetis*. Quod magis placet D. de Savigny; contra quem aliquid liceat audere. Nam videtur repugnare naturæ simul et causæ hujusce interdicti. Tria etenim distinguebantur apud Romanos : res et quidem mobiles aut immobiles, denique jura. Porro interdictum *uti possidetis* datur de possessore soli, si res soli sit, non de superficie. Quippe qui solum habet et cœlum liberum habere debet. Quapropter nos monet Ulpianus *quod vi aut clam* interdictum competere sive jure sive injuria quid factum sit et ad opera soli pertinere. Item animadvertes et in precario Jura non venire nisi propter ipsius verborum vim ac potestatem (L. 2 § 3 *de precario* ff.). Unde nec in his servitutibus directum *uti possidetis* interdictum usurpatum fuisse magis credendum est. Vide quoque leg. 6, § 1 et § 7. Si ser. vind. D. et confer cum leg. 5, § 10 de operis novi nunciatione. Itaque ex Ulpiano, adversus eum qui se jus habere dicit tigni immittendi, projiciendi, protegendive, 1º si tigna nundum immissa sint, possessori datur actio negatoria, cognitio prætoria, manus seu *ictus lapilli*, operis novi nunciatio quam proprium sequetur interdictum; 2º si jam immissa fuerint, præter quoque actionem negatoriam competit interdictum *quod vi aut clam:* sed de interdicto *uti possidetis* nihil in his legibus inveneris, de quo sane non tacuisset Ulpianus si in eodem casu domino succurrere apud J. C. receptum fuisset. Præstat adhuc argumentum *e contrario* lex. 1, § 2 et 3 *quod vi aut clam D.* Licet enim conjicere in interdicto *uti possidetis* potuisse adversarium coram prætore excipere se jure agere. Refert igitur in eo interdicto utrum de possessione, an de jure quæstio moveatur. Nec video cui bono diversa hæc remedia a prætore proponerentur, si competat interdictum *uti possidetis.* Objicit D. de Savigny legem 8, § 5 *in fine* si serv. vind. ff. Attende autem quid hujus legis initio sit memoratum et confer cum lege 5, § 10, *in fine. de operis nov. nunc.* Facileque intelligere erit non de jure servitutis ab Ulpiano proponi interdictum *uti possidetis*, sed de possessionis causa. Adde quoque leg. 3 uti poss., § 5 et 6; nec forsitan inconsulto silet hunc textum D. de Savigny, quem suæ opinioni contradicere sentit. Ceterum probabile est non unanimes fuisse in ea re prudentes et quosdam Labeonem secutos fuisse, etsi ipse cum aliqua dubitatione Cassio contradicat. In servitutibus negativis, operis novi nunciatio erat *necessaria*, si vellem prohibere ne vicinus altius ædificet, etc.... Cum autem ædificasset, competebat interdictum *quod vi aut clam.* Unde patet non in his servitutibus prodesse interdictum *uti possidetis* ad protegendam quasi possessionem. Hæc de servitutibus urbanis.

Interdicti autem uti possidetis in rebus soli triplex est finis. 1º Occurrit malo, si quis in futuro inquietationem timeat. 2º Habet aliquid restitutorium. 3º Inter litigatores onus petitoris distribuit. Præter cognitionem prætoriam, in illis servitutibus primus quidem effectus obtinetur per nunciationem operis novi, aut per manum seu *ictum lapilli.* Secundus vero per interdictum quod sequitur nunciationem, aut per *quod vi aut clam:* sunt enim restitutoria. Quoad tertium, qui prohibetur ictu lapilli aut qui vincitur interdicto *quod vi aut clam* ad actionem negatoriam aut confessoriam remittitur : hoc est autem nunciationis proprium ut qui nunciaverit adversarium possessorem faciat (L. 5, § 10 et 1, § 6. de operis nov. nunc).

Quod attinet ad rusticas servitutes, propria sunt interdicta quæ earum utpote antiquiorum tuentur possessionem, nempe *de aqua cotidiana et æstiva et de itinere actuque privato.* Hoc interdictum prohibi-

torium est et vices gerit interdicti *uti possidetis*. Competit ei qui hoc
anno non minus quam 3o diebus usus est proprio jure non per patien-
tiam vicini. Si quis propter inundationem usus non sit itinere actuque
hoc anno, cum superiore usus sit, potest repetita die hoc interdicto uti
per in integrum restitutionem, cognita tamen causa, si prætori justa
esse videatur. Si per vim hoc ei contigerit, semper restitui debet. Est et
aliud interdictum huic proximum scilicet de itinere actuque reficiendo.
Competit ei qui et hoc anno usus est et jus servitutis habet. Opus enim
novum facit qui reficit, neque id permitti debet in alieno nisi pro jure
servitutis, non pro sola possessione. Licet quoque minus commode
eatur, tamen qualiter qual ter ire agere sufficit.

POSITIONES.

I. An celeberrimum istud Justiniani : *sane uno casu....* de actione
negatoria sit dictum? Et magis placet ita esse.

II. Cur actio negatoria possessori detur? Quia proprietarium non
tuetur interdictum directum *uti possidetis* neque olim in usu erant interdicta utilia.

III. An competat interdictum *uti possidetis* ad defendendam quasi
possessionem servitutum urbanarum quæ in eo consistunt ut quid fiat
ex ædibus meis in tuas ædes aut tuum fundum? probabilius videtur non
competere.

IV. Tentatur explicatio Legis 3. *uti possidetis* § 5 et 6, ff.

DROIT FRANÇAIS.

DES SERVITUDES EN GÉNÉRAL.

La propriété est le droit de jouir et de disposer de sa chose de la manière la plus absolue. Ce droit consacré dans l'article 544 du Code civil n'a d'autres limites que les obstacles naturels et les exigences de l'utilité publique. Mais si en principe la propriété nous apparaît avec ce caractère exclusif et absolu, en fait elle trouve dans la volonté de celui même qui en étant investi peut s'en dépouiller partiellement, une source féconde de modifications. Ces modifications, ces restrictions s'appellent en droit *servitudes*, expression énergique pour indiquer l'état d'une chose procurant contre sa destination naturelle une utilité quelconque à un autre qu'au propriétaire.

On distingue en doctrine les servitudes *personnelles* et *réelles*. Les premières sont établies directement au profit d'une personne déterminée. Elles sont toutes temporaires sinon par leur nature, comme l'usufruit, du moins par la volonté du législateur peu favorable à ces démembremens de la propriété qui arrêtent les améliorations et entravent la circulation des biens.

Les servitudes réelles au contraire sont établies au profit d'un fonds pour en faciliter l'exploitation, en augmenter la valeur ou l'agrément. Elles sont par conséquent des droits accessoires, subordonnés nécessairement à la propriété du fonds dominant. Leur cause est dans l'immense avantage qui résulte souvent pour un fonds d'une légère restriction apportée à la propriété du fonds voisin. Elles sont toutes perpétuelles par leur nature. Elles supposent la proximité sinon la contiguïté des héritages.

Nous n'avons à nous occuper que de ces dernières qui seules dans le Code retiennent le nom de *servitudes*.

DES SERVITUDES OU SERVICES FONCIERS.

(Code civil. liv. II. titre 4.)

La servitude passive définie par l'article 637 est un démembrement du fonds servant. Elle diffère d'une prestation personnelle dont on peut toujours se racheter. Elle n'oblige point à faire , mais à souffrir ou à ne pas faire : d'ou naît la distinction des servitudes *positives et négatives*.

La servitude active est une qualité inhérente au fonds dominant. Elle est distincte de la propriété superficiaire , souterraine et indivise.

Bien différente des droits féodaux tenant à la qualification des terres , imposés d'ailleurs en faveur de la personne et sur la personne, le législateur devait-il craindre qu'on pût jamais voir leur résurrection dans la consécration qu'il fait de la servitude !

La division du Code est l'objet d'une double critique. D'abord la distinction des servitudes légales et naturelles est sans intérêt. On peut même, et je crois avec raison, douter de sa réalité. Et puis le Code ne donne-t-il pas un démenti à l'article 637 lui-même aussi bien qu'à la doctrine ? Car toute servitude est une dérogation au droit commun, et d'ailleurs cette qualification convient-elle à de pures obligations légales comme celles du bornage et de la mitoyenneté ? Sans doute les Romains s'étaient eux-mêmes écartés de la rigueur des principes dans la servitude *oneris ferendi*, et chez nous on peut toujours par le titre constitutif de la servitude mettre les réparations d'entretien à la charge du propriétaire du fonds servant. Sans doute un caractère commun à ces charges accessoires d'une servitude aussi bien qu'aux obligations comprises sous la rubrique de notre titre , c'est qu'on n'en est jamais tenu que *propter rem* et qu'on peut s'y sonstraire par l'abandon du fonds. Mais cette seule considération suffit-elle pour justifier une pareille classification ? Toutefois en imprimant à ces droits , même contre leur nature , un caractère de réalité, elle produit un effet vraiment utile : c'est de rendre compétent le tribunal de la situation.

CHAPITRE I.

SERVITUDES NATURELLES.

§ 1. *Servitudes relatives aux eaux vives ou pluviales coulant naturellement.*

Ne sont pas telles les eaux dont la chute est préparée par la main de l'homme, ainsi l'égout des toits, l'eau des gouttières, les eaux ménagères.

Les eaux dont parle l'article 640 obéissent dans leur cours aux lois physiques qui n'ont pas besoin d'une ridicule sanction. Mais le législateur intervient ici pour imposer une sorte de servitude négative et réciproque aux deux héritages contigus. Il interdit tout changement artificiel tendant, soit à faire refluer ou stagner les eaux sur le fonds supérieur, soit à précipiter leur chute, ou même à leur imprimer une direction nuisible au fonds inférieur.

§ 2. *De l'eau considérée comme source.*

Considérée comme source, l'eau captive dans mon fonds doit m'appartenir exclusivement par une conséquence de l'article 552, § 1.

Que le propriétaire voisin puisse en acquérir l'usage en vertu d'une concession à titre gratuit ou onéreux, ou même en vertu de la prescription qui présuppose toujours une concession expresse ou tacite, ce n'est là qu'un effet du droit commun. Mais la loi y déroge en vue d'une nécessité communale ; et remarquons alors que les habitans, qui n'ont pas besoin de la prescription pour acquérir un droit que la loi même leur assure, ne peuvent utilement l'invoquer que contre l'action en indemnité du propriétaire.

La prescription acquisitive de l'article 641 est subordonnée à deux conditions : 1° une jouissance de trente ans ; 2° des ouvrages apparens, destinés à faciliter la *chute* de l'eau. Faut-il que ces ouvrages soient établis sur le fonds supérieur ? Il semble que les termes de la loi, et surtout les principes en matière de possession, ne permettent pas d'en douter. Dans l'opinion contraire, le propriétaire de la source qui ne peut s'opposer aux constructions de son voisin devrait l'assigner en reconnaissance de ses droits.

§ 3. Cours d'eau non navigables ni flottables.

Les cours d'eau du domaine public sont régis par le droit adminis-tratif.

Pourvu qu'ils soient propriétaires du lit, les riverains peuvent user des simples cours d'eau pour l'irrigation de leurs fonds. S'ils ne sont propriétaires que d'une rive seulement, ils n'ont droit qu'à des prises d'eau. Dans le cas contraire, leur droit est et devrait être plus étendu.

A l'usage des eaux courantes se rattachent deux intérêts d'un ordre différent : l'un individuel et l'autre collectif.

Les tribunaux ordinaires au pétitoire, les juges de paix au possessoire statuent, dans un intérêt purement privé et actuel, sur toutes les con-testations nées entre propriétaires riverains qui réclament l'usage de l'eau, soit en vertu de leur droit de propriété ou de réglemens généraux et locaux, soit même en vertu d'usages constans ayant force de régle-mens.

Avant 1791, les seigneurs en qualité de *justiciers* étaient en posses-sion, et depuis l'administration publique est en droit de faire un régle-ment d'eau dans l'intérêt collectif des riverains. La violation de ce ré-glement constitue une contravention prévue et punie par des lois spé-ciales.

En l'absence de tous réglemens et usages, les tribunaux décideront *ex æquo et bono* en conciliant avec le respect dû à la propriété l'intérêt de l'agriculture et de l'*industrie*. La loi est et devait être élastique.

L'établissement sur ces cours d'eau de moulins et d'usines doit être autorisé par l'administration. Ses décisions ne peuvent être critiquées et réformées par les tribunaux ordinaires. Mais sous prétexte qu'il s'est conformé, pour sa construction, aux prescriptions de l'autorité admi-nistrative, le propriétaire d'une usine pourra-t-il impunément causer un préjudice direct aux fonds supérieurs ou inférieurs, soit par la trop grande élévation de ses barrages, soit de tout autre manière ? Non sans doute. Les tribunaux feront une juste application de l'article 1382, sans pouvoir toutefois envahir les attributions de l'administration publique, en ordonnant la démolition, ou même des modifications dans l'établis-sement de l'usine.

§ 4. Du bornage.

En principe, l'action de bornage pure est personnelle. Mais en fait, elle se trouve presque toujours mêlée à une action en délimitation. C'est par cette considération, et surtout parce qu'il se trompait sur le vrai sens de la qualification qui lui est donnée aux Institutes, que Pothier, avec tous les anciens auteurs, mettait l'action en bornage au premier rang des actions *réelles personnelles* ou mixtes.

En consacrant l'existence des actions *mixtes* sans les définir ni les énumérer, le Code de procédure devait, sur ce point, s'en référer à l'ancien droit, et cette opinion me paraît ici confirmée par le double caractère que le Code civil reconnaît, après Pothier, à l'obligation du bornage dans les articles 646 et 1370.

Le bornage est fait à frais communs. La loi de 1791 disait *à moitié frais*. Mais il ne paraît pas qu'on doive rien induire de ce changement de rédaction.

L'action en déplacement debornes est purement possessoire, et comme telle de la compétence du juge de paix. Ce déplacement peut aussi donner lieu à une poursuite correctionnelle.

§ 5. *Du droit de clôture.*

Déjà la loi de 1791 avait abrogé les droits de parcours et de vaine pâture. Ces droits existaient dans un intérêt communal, et ils assuraient aux seigneurs le libre exercice du droit de chasse. C'est cette abrogation que renouvelle ici le Code, en proclamant d'une manière générale le droit de clôture, sauf les restrictions que peuvent toujours y apporter les servitudes de passage, puisage, pacage, etc.... acquises ou à acquérir par titre. Toutefois, dans les communes où subsiste encore cet ancien usage, il est juste que les terrains clos ne comptent pas au propriétaire dans le calcul des têtes de bétail qu'il peut mener en parcours ou vaine pâture, calcul proportionnel à l'étendue de chaque exploitation.

La clôture rend la propriété plus sacrée. Aussi l'entrée du bétail dans un champ clos constitue toujours et sans distinction un délit rural. La clôture est encore une circonstance aggravante du vol et du maraudage.

CHAPITRE II.

SERVITUDES LÉGALES.

Les servitudes légales ont pour objet l'utilité publique ou communale et l'utilité des particuliers. La première partie de ces servitudes

3

est régie par le droit administratif. La seconde partie est réglée par le Code rural et le Code civil.

De la mitoyenneté du mur et du fossé.

Indivision forcée, droit d'innovation sur la chose commune sans l'agrément du copropriétaire, telle est la double dérogation au droit commun qui caractérise cette communauté spéciale dite *mitoyenneté*, et que justifie assez l'équité naturelle aussi bien que l'intérêt réciproque des propriétaires voisins.

Nous pouvons ici reprocher au législateur quelque désordre dans sa marche. Sa doctrine même n'offre pas toujours une parfaite harmonie.

§ 1. *Quels murs sont mitoyens.*

En principe le mur construit à frais communs et sur le terrain des deux propriétaires est seul mitoyen. Mais la mitoyenneté peut être acquise à titre gratuit ou onéreux. Une sorte de droit d'expropriation existe même ici dans un intérêt privé. Ainsi le propriétaire d'un mur mitoyen peut acquérir la mitoyenneté de l'exhaussement quoiqu'il ait refusé d'y contribuer, et le propriétaire joignant le mur voisin peut le rendre mitoyen en tout ou en partie. Mais pourquoi dans le premier cas calculer l'indemnité sur la *dépense* et dans le second sur la *valeur?* Les raisons données jusqu'ici pour expliquer cette différence paraissent plus ingénieuses que satisfaisantes.

§ 2. *Présomptions légales de mitoyenneté et de non mitoyenneté.*

Dans certaines circonstances limitativement décrites et où l'intérêt commun des propriétaires fait justement supposer leur concours dans la construction du mur, le législateur établit une présomption légale de mitoyenneté, présomption régie par l'article 1352, et contre laquelle sont admises toutes les preuves de droit commun. Il sera même rare en cette matière, par application de la règle générale de l'article 1348, qu'on puisse repousser la preuve testimoniale et les simples présomptions dans lesquelles rentreront toutes les marques de non mitoyenneté autres que celles de l'article 654.

Mais en restant même dans les circonstances prévues par l'article 653, existe-t-il quelque marque extérieure qui paraisse au législateur une protestation non équivoque contre sa conséquence? Non-seulement alors il fait taire la présomption de cet article, mais encore il érige cette marque en une présomption légale contraire. C'est sous ce dernier point de vue que l'énumération de l'article 654 me paraît limitative. Toutes les autres marques de non mitoyenneté ne seront que de simples indices luttant contre la présomption de l'article 653, et dont l'appréciation est laissée aux tribunaux.

L'article 653 garde le silence sur la possession annale. Faut-il conclure par argument à *contrario* de l'article 670, qu'elle serait ici sans puissance? Je ne le pense pas. Sans doute une possession significative, non équivoque, exclusive de toute idée de mitoyenneté, sera plus rare pour un mur ou pour un fossé que pour une haie. C'est peut-être même à cause de cela que l'idée de possession ne s'est présentée au législateur que sur l'article 670. Mais enfin une telle possession n'est pas impossible. Or, de droit commun, la possession annale est la première de toutes les présomptions dans les questions de propriété. Le silence du Code ne suffit pas pour l'exclure. Il faudrait une disposition formelle.

§ 3. *Charges de la mitoyenneté.*

1. *Charges qui obligent à faire.* — Elles ont pour objet les réparations et reconstructions du mur mitoyen à frais communs. Chaque propriétaire a la faculté de se soustraire à cette charge par l'abandon de sa part de mitoyenneté, abandon que le copropriétaire rendra définitif par la réalisation à ses seuls frais des réparations ou reconstructions. Seulement cette faculté est refusée à celui dont le mur mitoyen soutient un bâtiment. L'équité ne permet pas qu'il rejette sur son voisin des frais dont il retirera, malgré un abandon illusoire, la même utilité. Elle est encore refusée, selon moi, et pour les mêmes motifs d'équité dans le cas de l'article 663. Il semble que soit les termes de cet article, soit la place qu'il occupe, soit même les circonstances de la discussion au conseil d'État confirment cette décision. D'ailleurs comment concevoir, d'une part, que le voisin soit *contraint* de contribuer aux constructions devant servir de clôture commune dans les villes et faubourgs, et, d'autre part, qu'il puisse échapper à cette nécessité par l'abandon souvent de nulle valeur de la moitié du sol? L'alternative entre ces deux obligations est-elle ici bien raisonnable?

II. *Charges qui obligent à souffrir.* — *Quidni enim quando sine detrimento suo potest cum altero communicet in iis quæ sunt accipienti utilia danti non molesta?* (Cic. de off.) Tel est le motif, telle est la mesure des droits de chaque propriétaire sur le mur mitoyen. Il peut l'exhausser moyennant une indemnité de surcharge dont les bases sont fournies par le Code, et qui sera fixée d'après les usages locaux ou à dire d'experts.

Les travaux entrepris sur le mur mitoyen sont-ils de nature à ne pouvoir nuire aux droits du copropriétaire? Son consentement n'est pas même nécessaire (art. 657). Il le devient au cas contraire ou une expertise sur son refus (art. 662).

III. *Charges de la propriété superficiaire.* — A propos des charges de la mitoyenneté, le Code établit entre les propriétaires des différens étages d'une maison, un réglement dont le mérite, en ce qui concerne du moins la contribution aux réparations de l'escalier, est la simplicité bien plus que l'équité. On devrait donc s'en écarter en ce point quant aux propriétés superficiaires dont le partage s'est fait antérieurement au Code.

IV. *Distance réquise pour les plantations limitrophes.* — Une règle uniforme et inflexible était impossible en cette matière. Aussi le Code s'en réfère-t-il avant tout aux réglemens et usages locaux.

C'est ici une servitude négative et réciproque qui pèse sur deux fonds contigus. C'est une dérogation au principe trop absolu de l'article 544, dérogation favorable du reste, et qui n'est dans ce cas particulier que la consécration d'une maxime générale d'équité.

Peut-être même ne faudrait-il pas entendre trop restrictivement la disposition de l'article 671. Ainsi les tribunaux violeraient-ils la loi en ordonnant la distance en usage dans la localité pour l'établissement de certains ouvrages dont la contiguité immédiate serait de nature à causer un préjudice au voisin par des éboulemens, par exemple, ou autrement? Sans doute l'article 1382 serait applicable pour la réparation du préjudice causé, mais ne vaut-il pas mieux prévenir le mal que le réparer?

Chaque propriétaire peut requérir que les arbres qui se trouvent dans la haie mitoyenne soient abattus. Donc s'ils venaient à mourir ou à être brisés par accident, un seul des copropriétaires ne pourrait les remplacer.

SECTION II.

Distance et ouvrages intermédiaires requis pour certaines constructions contre le mur mitoyen ou appartenant exclusivement au propriétaire voisin.

C'est encore aux réglemens et usages locaux que le Code nous renvoie, après une énumération qui du reste n'est pas limitative. La sanction est laissée à l'arbitrage des tribunaux, qui pourront selon les cas ordonner la démolition ou simplement appliquer l'article 1382.

Ajoutons que l'administration publique peut toujours intervenir dans un intérêt général, et prescrire, par exemple, l'enlèvement d'amas et de matières insalubres sans qu'aucune prescription lui soit opposable.

SECTION III.

I. *Vues sur la propriété du voisin.* — Frappé de leur incommodité, un ancien disait qu'autant vaut avoir les pieds que les yeux chez le voisin. Tel est le motif des dispositions de la loi. Elle ne distingue pas, à tort peut-être, entre les villes et les campagnes où l'inobservation de ces règles devient une source féconde de procès, quand l'animosité du voisin lui suggère une opposition que son intérêt ne lui avait pas dictée.

Le mur est-il mitoyen? Ce n'est plus ici le cas de dire comme sur les articles 657 et 662 : *Usus qui prodest his nec nocet illis* (Serv. ad Virg.). Aucune ouverture n'y peut être *pratiquée.* Ce qui ne paraît pas autoriser l'acquéreur de la mitoyenneté d'un mur à détruire directement les jours qui y auraient été pratiqués antérieurement à son acquisition.

S'agit-il d'un mur non mitoyen? S'il n'est pas à la distance voulue par les articles 678 et 679 pour les vues droites et obliques, on ne peut y percer que des jours de *souffrance.* Ces jours, dont la destination doit être d'éclairer et non de donner vue sur l'héritage voisin, sont soumis à certaines conditions prescrites dans ce but, et aussi afin d'empêcher qu'on ne puisse ni s'introduire ni rien jeter chez le voisin. La partie exhaussée d'un mur mitoyen doit être assimilée au mur non mitoyen.

La distance pour les vues droites et obliques se compte à partir de la ligne séparative des deux héritages, par conséquent à partir du milieu du mur mitoyen.

Les articles 678 et 679 cessent d'être applicables si c'est une rue ou un chemin public qui divise les deux héritages, mais non si c'est une langue de terre appartenant à un tiers et d'une largeur moindre de deux ou six pieds.

II. *De l'égoût des toits.* — Observons qu'il ne doit pas tomber directement sur la ligne séparative des deux héritages. Il existe à cet égard, et notamment pour le cas d'un mur de séparation mitoyen ou appartenant au voisin, des usages qui encore aujourd'hui devraient être observés. D'ailleurs il doit être laissé un espace nécessaire pour les réparations du mur ou du bâtiment non mitoyen, au moins dans les campagnes. Autrement, si par une juste induction de l'article 682, le voisin devait souffrir à cet effet l'occupation temporaire d'une partie de son terrain, il pourrait exiger une indemnité. Car, dans le silence du Code, il n'existe plus à présent de *tour d'échelle* à titre de servitude légale, mais seulement à titre de propriété accessoire ou de servitude conventionnelle.

III. *De la servitude légale de passage.* — L'équité et la faveur de l'agriculture, tel est son double motif. Pour son établissement on doit consulter la commodité de l'exploitation du fonds dominant, mais avant tout l'intérêt du propriétaire grevé de la servitude. Le préjudice réel qui en résulte pour le fonds servant, et non l'avantage du propriétaire enclavé, sert de base au calcul de l'indemnité. La prescription de l'action en indemnité court du premier jour où le passage a commencé. Le propriétaire du fonds enclavé trouvant son titre dans la loi, est censé dès-lors avoir passé *jure suo* et non par tolérance. Un autre effet de la prescription non plus libératoire, mais acquisitive, sera de déterminer irrévocablement entre plusieurs fonds voisins, lequel demeurera en définitif grevé de cette servitude légale. Autrement les juges décideraient *ex æquo et bono*.

Le communiste ou l'héritier enclavé ne peuvent invoquer contre les propriétaires voisins la disposition de l'article 682; mais ils réclameront, en vertu même du contrat de partage, un passage sur les lots contigus de leurs copartageans, qui en général n'auront droit à aucune indemnité.

CHAPITRE III.

SERVITUDES DU FAIT DE L'HOMME.

Utile à Rome sous le double point de vue de la mancipation et de l'extinction par le non usage, la distinction des servitudes urbaines et rurales est chez nous sans intérêt.

Parmi les servitudes, il en est dont l'exercice imprime nécessairement au sol servant ou dominant une modification permanente et extérieure. Il en est au contraire dont aucun signe extérieur ne révèle l'existence ou dont l'exercice se renfermant dans des actes passagers, ne laisse que des traces fugitives. De là la distinction des servitudes en *continues* et *apparentes* ou *discontinues* et *non apparentes :* distinction importante pour l'établissement des servitudes par prescription, par destination du père de famille et par interprétation de la volonté des parties contractantes. *Voyez* aussi, pour la vente, article 1638.

§ 1. *Etablissement des servitudes par titre* (voy. art. 690-91-94-95-96).

Tous les modes de transférer la propriété à titre gratuit ou onéreux s'appliquent naturellement aux servitudes qui n'en sont qu'un démembrement. Le propriétaire capable d'aliéner son mandataire légal ou conventionnel, le nu propriétaire en respectant la jouissance de l'usufruitier, le propriétaire d'un immeuble grevé d'hypothèque sauf l'application des articles 1188 et 2131, le co-propriétaire sur les immeubles seulement qui tomberont dans son lot, par suite de l'effet du partage déclaratif, ont seuls qualité pour établir une servitude passive. Mais tout propriétaire résoluble, même le possesseur *pro suo*, peuvent toujours améliorer le fonds par l'acquisition d'une servitude active, sauf leur droit contre le véritable propriétaire, pour se faire indemniser, s'il y a lieu, jusqu'à concurrence de la plus value.

Pour l'étendue de la servitude acquise par titre, il faudra appliquer toutes les règles d'interprétation qui conviennent à la nature de l'acte. Ainsi, une servitude de puisage, établie directement, entraîne accessoirement une servitude de passage qui suivra le sort de la première.

C'est à l'établissement des servitudes par titre que je rattache l'article 694. Je n'y vois autre chose qu'une disposition législative sur une interprétation d'acte, qu'une présomption *juris tantum* de l'intention des parties résultant d'une double circonstance : 1° signe apparent de servitude entre deux héritages appartenans au même propriétaire; 2° l'acte d'aliénation de l'un de ces deux héritages est muet sur cette servitude. Toutes les preuves d'une intention contraire sont admises contre cette présomption, et la plus grande latitude est laissée au juge. Sous ce point de vue, l'article 694 diffère essentiellement de l'article 692. Car la destination du père de famille vaut *titre*. Elle est en elle-même, et en vertu de la loi, une cause suffisante de l'établissement d'une servitude apparente et continue. Il n'est plus permis au juge de rechercher, dans l'acte de partage et dans les circonstances qui l'ont accompagné, des traces d'une intention contraire. Elle devrait être expresse.

C'est à la preuve par écrit d'une servitude discontinue, ou non apparente, que se rapporte l'article 695, et remarquons que l'acte récognitif destiné, non à remplacer l'acte primordial dont il ne relate pas la teneur, mais seulement à interrompre la prescription, pourrait toujours servir de commencement de preuve par écrit.

§ 2. *Destination du père de famille* (voy. art. 692 et 693).

Ce mode d'établissement, l'un des plus fréquens, ne s'applique qu'aux servitudes continues et apparentes. Car seules elles laissent une preuve matérielle et incontestable du mode et de l'étendue de leur exercice. Il eût été dangereux de l'étendre à d'autres. Il suffit que la chose ait été laissée, par le propriétaire, dans l'état qui, après la division de son héritage, fait apparaître la servitude; et sur ce dernier point, le Code, moins sévère que certaines coutumes, admet, par son silence même, toute espèce de preuves.

§ 3. *De la prescription acquisitive en matière de servitudes.*

On peut avoir une chose en sa puissance, de la manière la plus large et la plus absolue, en percevoir tous les fruits et les produits extraordinaires, exercer librement sur elle tous les actes de sa volonté. On peut aussi l'avoir en sa puissance, d'une manière plus restreinte, pour y exercer seulement certains actes limités de passage, puisage, pâcage, etc... La possession, dans le premier cas, se présente avec tous les effets de la propriété. Dans le second, elle correspond aux différens droits de servitude. Du reste, dans l'un comme dans l'autre, c'est un état de fait qui est dans un rapport naturel avec le droit corrélatif. Examinons-en les effets par rapport aux servitudes.

I. *De l'action possessoire.* — La possession fait présumer le droit. Elle est de plus un état de fait qu'il convient de respecter jusqu'à la constatation du droit contraire. D'où l'action possessoire, dont le double but est de protéger la possession contre les voies de fait et de régler ultérieurement les rôles de demandeur et de défendeur.

La possession d'une servitude continue et apparente peut mener à la prescription. Aussi est-il hors de doute qu'elle fonde *à fortiori* une action possessoire. Mais une double question se présente. La possession d'une servitude discontinue ou non apparente peut-elle satisfaire aux conditions des articles 23 Proc. et 2229 Code civil combinés? En d'autres termes, la possession d'une servitude discontinue peut-elle être continue? Celle d'une servitude non apparente peut-elle être publique? Je le pense. Pour être continue, au sens de l'article 2229, il n'est pas nécessaire que la possession s'exerce par des actes continus. La possession, en effet, se conserve par la seule intention.

La possession d'une servitude non apparente peut également être publique. Car, qu'y a-t-il de moins apparent qu'une servitude négative? Et pourtant, si sur une sommation mon voisin a démoli ses constructions, dira-t-on que ma possession est entachée du vice de clandestinité? C'est d'ailleurs conforme au droit romain, où des interdits particuliers protégeaient les servitudes même discontinues et non apparentes.

On répond que nous n'avons pas deux possessions, l'une *ad interdicta*, l'autre *ad usucapiendum*. Toute possession qui conduit à l'action possessoire doit conduire à la prescription. Mais n'est-ce pas répondre à la question par la question même? De droit commun, toute possession qui satisfait aux conditions de l'article 2229 produit deux effets : l'action possessoire et la prescription. Le Code ne déroge à ce principe, quant aux servitudes discontinues ou non apparentes, que sur la prescriptibilité. Or, toute dérogation au droit commun doit être restrictivement entendue. La jurisprudence a consacré cette doctrine dans des cas, il est vrai, où la possession de ces servitudes était appuyée sur un titre émané *à non domino*. Mais ne faudrait-il pas généraliser davantage? Sans doute le juste titre purge le vice de précarité. Il est un élément de publicité. Toutefois, sa présence n'est pas une condition indispensable à l'existence de ces deux qualités dans la possession d'une servitude discontinue ou non apparente. L'impossibilité même de justifier par un acte, devant le juge du possessoire, de son titre apparent de propriété, ne rend pas l'action possessoire sans intérêt. Un commencement de preuve par écrit, l'aveu, le serment ne peuvent-ils pas assurer le triomphe au pétitoire?

II. *De la prescription.* — On avait senti à Rome et on s'était peut-être exagéré les dangers de l'usucapion en matière de servitudes. La loi Scribonia la rejetait sans distinction. Dans les coutumes, la plus grande divergence régnait sur ce point. C'est qu'en effet il est à craindre en cette matière que la prescription ne vienne ériger en droit le résultat de la surprise ou de la familiarité. Aussi pour éviter ce double écueil, le législateur veut-il ici une intention persévérante de posséder à titre de propriétaire, écrite en quelque sorte sur le sol en caractères visibles et ineffaçables. Tel me paraît être l'esprit de sa distinction. La présence même d'un juste titre serait sans puissance à l'égard des servitudes discontinues ou non apparentes. Les termes de l'article 691 sont plus exclusifs que ceux de la coutume de Paris, et d'ailleurs la présence d'un juste titre ne fait pas disparaître tous les inconvéniens de leur prescriptibilité.

Pour les servitudes continues et apparentes, elles rentrent dans le droit commun quant à la prescription. En conséquence, elles se presciront pas dix et vingt ans avec juste titre et bonne foi. L'article 2264 ne paraît pas justifier l'application à l'article 690 de la maxime *Inclusio unius est exclusio alterius.*

L'étendue de la prescription se mesure sur l'étendue de la possession, mais c'est un point fort délicat en certaines matières que de bien saisir l'étendue et l'objet de la possession. Peut-être même y a-t-il quelque contradiction dans les opinions généralement reçues à cet égard. Ainsi comment trouver dans la possession des branches qui s'étendent sur le fonds limitrophe une indétermination, une discontinuité, une mobilité qu'on ne rencontre point dans la possession de l'arbre même? Ainsi, s'agit-il d'acquérir par prescription le droit d'avoir des arbres plantés sur la limite de son terrein? On applique avec rigueur pour en fixer l'étendue la maxime *tantum prescriptum quantum possessum*. On s'en écarte au contraire pour la prescription d'une servitude de vue. Or la subtilité des principes ne réclame-t-elle pas contre l'usage que l'on fait dans ce dernier cas des articles 696 et 677-78 combinés? J'en comprends sans peine l'application quand il s'agit d'une servitude de vue établie par titre. Mais cette servitude conventionnelle se décompose elle-même en deux servitudes; l'une positive, continue, apparente, droit d'avoir une fenêtre en dedans des distances légales; l'autre négative et qui oblige le voisin à ne pas bâtir. Or, je le demande, cette dernière servitude est-elle prescriptible? Cependant l'équité et la jurisprudence sont contraires.

§ 4. De la revendication des servitudes.

Elle a lieu par l'action confessoire ou négatoire. Le propriétaire ou son mandataire, soit légal, soit conventionnel, peuvent seuls l'intenter ou la soutenir. Les jugemens rendus contre le propriétaire apparent sont sans force contre le véritable propriétaire. Mais la voie de la requête çivile serait seule ouverte à ce dernier contre les jugemens rendus avec le propriétaire dont les droits ont été postérieurement résolus : par exemple, un grevé de restitution, un apanagiste, un acquéreur à pacte de réméré, un légataire conditionnel. Pour tout le temps qui s'est écoulé entre l'apposition de la condition et sa réalisation, ils sont les mandataires nés du propriétaire véritable, en vertu même du contrat ou du testament qui les a préposés *pendente conditione* à la garde de la chose. L'antichrésiste, l'usufruitier, l'usager, l'emphythéote ont les actions possessoires *jure proprio* pour protéger leur jouissance. Le fermier, le locataire ne peuvent agir en leur nom personnel que pour trouble de fait. Ils peuvent seulement, en cas de trouble de droit, rester parties dans l'instance pour la conservation de leurs droits. Je ne saurais en général reconnaître à l'un des copropriétaires le droit de représenter les autres dans l'action confessoire. Le jugement sera sans effet contre ceux qui n'ont pas été mis en cause, et je remarque qu'en matière de servitudes, c'est-à-dire de choses indivisibles *natura et contractu*, il ne faut pas appliquer ce qui n'est dit, sur l'article 1224, § 1, qu'en matière de choses indivisibles seulement *obligatione*.

§ 5. *Cessation et extinction des servitudes.*

I. *Cessation des servitudes.* — La propriété comme ses démembremens périssent irrévocablement avec leur objet. Mais ici l'utilité et l'équité l'ont emporté sur la rigueur des principes (*Voyez* art. 665 et 704). Toutefois le non usage, quoique forcé, résultant de cette cessation, donnera lieu à la prescription libératoire. Une assignation en reconnaissance du droit de servitude en arrêterait le cours.

II. *Extinction des servitudes.* — Les servitudes s'éteignent par la résolution du droit du constituant, par l'événement de la condition ou du terme, par la consolidation, par la cession ou par la remise. La loi favorable à la liberté des héritages consacre même au profit du fonds servant une sorte de prescription libératoire dont le point de départ est différent selon la distinction des servitudes. On peut restreindre comme éteindre par le non usage les servitudes sans changer pour cela la nature du droit. *Minus majori inest.* L'extinction par le non usage de la servitude principale entraîne toujours celle de la servitude accessoire. Sauf, s'il y a lieu, l'application de la prescription à l'effet d'acquérir. Le locataire, l'usufruitier, même le possesseur de mauvaise foi, conservent le droit du propriétaire. C'est une conséquence des principes en matière de société, que chaque associé soit, en ce qui concerne les actes d'une bonne administration de la chose commune, présumé le mandataire de ses coassociés. Le Code termine par une application de la maxime : *Minor in individuis relevat majorem.*

Cette prescription libératoire n'a rien de commun avec l'usucapion de la liberté de son fonds, que le tiers acquéreur de bonne foi pourrait accomplir par dix et vingt ans en vertu de l'article 2265.

QUESTIONS.

I. L'action de bornage est-elle *mixte?* — Oui, au sens du Code de procédure civile.

II. L'action possessoire peut-elle avoir lieu pour les servitudes discontinues ou non apparentes? — Oui, au moins lorsque leur possession s'appuie sur un titre apparent.

III. La présence d'un juste titre les rend-elles prescriptibles? — Non.

IV. Les servitudes continues et apparentes peuvent-elles se prescrire par dix et vingt ans avec titre et bonne foi? — Oui, mais la jurisprudence paraît contraire.

V. Doit-on appliquer les articles 696 et 677-78 combinés pour fixer l'étendue d'une servitude de vue acquise par prescription? — Non, suivant la rigueur des principes, mais l'équité et la jurisprudence de la Cour de cassation sont contraires.

VI. La possession annale d'un mur ou d'un fossé peut-elle faire présumer sa mitoyenneté dans les cas de l'article 653 et 666? — Oui.

VII. La remise d'une servitude faite par l'un des héritiers produirait-elle toujours et sans distinction l'effet de l'article 1244, § 2? — Non. Cet article ne doit s'appliquer qu'aux choses indivisibles *obligatione.*

VIII. L'article 694 fait-il double emploi avec l'article 692? — Non, mais il se rattache à une autre idée.

FIN.